AF341911

CHEMINS DE FER DU MIDI

EXPLOITATION

EXTRAITS

LOI
SUR LA POLICE DES CHEMINS DE FER

15 JUILLET 1845.

ORDONNANCE

PORTANT

RÈGLEMENT D'ADMINISTRATION PUBLIQUE

sur

LA POLICE, LA SURETÉ ET L'EXPLOITATION DES CHEMINS DE FER.

15 NOVEMBRE 1846.

BORDEAUX

IMPRIMERIE G. GOUNOUILHOU

RUE GUIRAUDE, 11.

Réimpression de Juin 1879. — 600.

EXPLOITATION

EXTRAITS

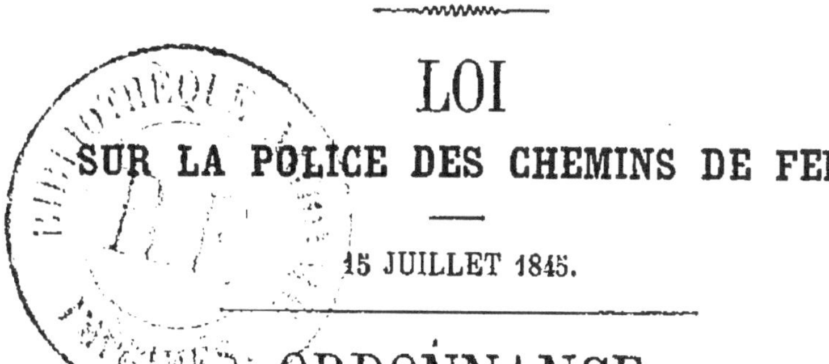

LOI
SUR LA POLICE DES CHEMINS DE FER

15 JUILLET 1845.

ORDONNANCE

PORTANT

RÈGLEMENT D'ADMINISTRATION PUBLIQUE

sur

LA POLICE, LA SURETÉ ET L'EXPLOITATION DES CHEMINS DE FER.

15 NOVEMBRE 1846.

BORDEAUX

IMPRIMERIE G. GOUNOUILHOU

RUE GUIRAUDE, 11.

Réimpression de Juin 1879. — 600.

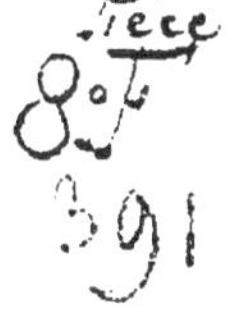

EXTRAIT DE LA LOI

SUR LA

POLICE DES CHEMINS DE FER

15 JUILLET 1845.

TITRE Ier.

Mesures relatives à la conservation des Chemins de fer.

ARTICLE PREMIER.

Les Chemins de fer construits ou concédés par l'État font partie de la grande voirie.

ART. 2.

Sont applicables aux Chemins de fer les **Lois** et **Règlements** sur la grande voirie, qui ont pour objet d'assurer la conservation des fossés, talus, levées et ouvrages d'art dépendant des routes, et d'interdire, sur toute leur étendue, le pacage des bestiaux et les dépôts de terre et autres objets quelconques.

ART. 3.

Sont applicables aux propriétés riveraines des Chemins de fer les servitudes imposées par les **Lois** et **Règlements** sur la grande voirie, et qui concernent :

L'alignement;

L'écoulement des eaux;

L'occupation temporaire des terrains en cas de réparations;

La distance à observer pour les plantations, et l'élagage des arbres plantés;

Le mode d'exploitation des mines, minières, tourbières, carrières et sablières, dans la zone déterminée à cet effet.

Sont également applicables à la confection et à l'entretien des Chemins de fer, les **Lois** et **Règlements** sur l'extraction des matériaux nécessaires aux travaux publics.

ART. 4.

Tout Chemin de fer sera clos des deux côtés et sur toute l'étendue de la Voie.

L'Administration déterminera, pour chaque Ligne, le mode de cette clôture, et pour ceux des Chemins qui n'y ont pas été assujétis, l'époque à laquelle elle devra être effectuée.

Partout où les Chemins de fer croiseront de niveau les routes de terre, des barrières seront établies et tenues fermées, conformément aux **Règlements**.

ART. 5.

A l'avenir, aucune construction autre qu'un mur de clôture ne pourra être établie dans une distance de deux mètres d'un Chemin de fer.

Cette distance sera mesurée, soit de l'arête supérieure du déblai, soit de l'arête inférieure du talus du remblai, soit du bord extérieur des fossés du Chemin et, à défaut d'une ligne tracée, à un mètre cinquante centimètres à partir des rails extérieurs de la Voie de fer.

Les constructions existantes au moment de la promulgation de la présente **Loi,** ou lors de l'établissement d'un nouveau Chemin de fer, pourront être entretenues dans l'état où elles se trouveront à cette époque.

Un règlement d'administration publique déterminera les formalités à remplir par les propriétaires pour faire constater l'état des dites constructions, et fixera le délai dans lequel ces formalités devront être remplies.

Art. 6.

Dans les localités où le Chemin de fer se trouvera en remblai de plus de trois mètres au-dessus du terrain naturel, il est interdit aux riverains de pratiquer, sans autorisation préalable, des excavations dans une zone de largeur égale à la hauteur verticale du remblai, mesurée à partir du pied du talus.

Cette autorisation ne pourra être accordée sans que les concessionnaires ou fermiers de l'exploitation du Chemin de fer aient été entendus ou dûment appelés.

Art. 7.

Il est défendu d'établir à une

distance de moins de vingt mètres d'un Chemin de fer desservi par des Machines à feu, des couvertures en chaume, des meules de paille, de foin, et aucun autre dépôt de matières inflammables.

Cette prohibition ne s'étend pas aux dépôts de récoltes faits seulement pour le temps de la moisson.

Art. 8.

Dans une distance de moins de cinq mètres d'un Chemin de fer, aucun dépôt de pierres ou objets non inflammables ne peut être établi sans l'autorisation préalable du Préfet.

Cette autorisation sera toujours révocable.

L'autorisation n'est pas nécessaire :

1° Pour former, dans les localités où le Chemin de fer est en remblai, des dépôts de matières non inflammables, dont la hauteur n'excède pas celle du remblai du chemin;

2° Pour former des dépôts temporaires d'engrais et autres objets nécessaires à la culture des terres.

ART. 9.

Lorsque la sûreté publique, la

conservation du Chemin et la dispo-
sition des lieux le permettront, les
distances déterminées par les articles
précédents pourront être diminuées
en vertu d'Ordonnances royales rendues après enquêtes.

Art. 10.

Si, hors des cas d'urgence prévus
par la **Loi** des 16-24 Août 1790, la
sûreté publique ou la conservation
du Chemin de fer l'exige, l'Administration pourra faire supprimer,
moyennant une juste indemnité, les
constructions, plantations, excava-

tions, couvertures en chaume, amas de matériaux combustibles ou autres, existant dans les zones ci-dessus spécifiées au moment de la promulgation de la présente **Loi**, et, pour l'avenir, lors de l'établissement du Chemin de fer.

L'indemnité sera réglée, pour la suppression des constructions, conformément aux titres IV et suivants de la **Loi** du 3 Mai 1841, et, pour tous les autres cas, conformément à la **Loi** du 16 Septembre 1807.

Art. 11.

Les contraventions aux dispositions du présent titre seront constatées, poursuivies et réprimées comme en matière de grande voirie.

Elles seront punies d'une amende de seize à trois cents francs, sans préjudice, s'il y a lieu, des peines portées au Code pénal et au titre III de la présente **Loi**. Les contrevenants seront, en outre, condamnés à supprimer, dans le délai déterminé par l'Arrêté du Conseil de Préfecture, les excavations, couvertures, meules ou dépôts faits contrairement aux dispositions précédentes.

A défaut, par eux, de satisfaire à

cette condamnation dans le délai fixé, la suppression aura lieu d'office, et le montant de la dépense sera recouvré contre eux par la voie de contrainte, comme en matière de contributions publiques.

TITRE III.

Des mesures relatives à la sûreté de la circulation sur les Chemins de fer.

ART. 16.

Quiconque aura volontairement détruit ou dérangé la Voie de fer, placé sur la Voie un objet faisant obstacle à la circulation, ou employé un moyen quelconque pour entraver la marche des convois ou les faire sortir des rails, sera puni de la réclusion.

S'il y a eu homicide ou blessure, le coupable sera, dans le premier cas, puni de mort, et dans le second, de la peine des travaux forcés à temps.

ART. 17.

Si le crime prévu par l'article 16 a été commis en réunion séditieuse, avec rébellion ou pillage, il sera imputable aux chefs, auteurs, instigateurs et provocateurs de ces réunions, qui seront punis comme coupables du crime et condamnés aux mêmes peines que ceux qui l'auront personnellement commis, lors même que la réunion séditieuse n'aurait pas eu pour but direct et principal la destruction de la Voie de fer.

Toutefois, dans ce dernier cas, lorsque la peine de mort sera applicable aux auteurs du crime, elle sera remplacée, à l'égard des chefs, auteurs, instigateurs et provocateurs de ces réunions, par la peine des travaux forcés à perpétuité.

ART. 18.

Quiconque aura menacé, par écrit anonyme ou signé, de commettre un des crimes prévus par l'article 16, sera puni d'un emprisonnement de trois à cinq ans, dans le cas où la menace aurait été faite avec ordre de déposer une somme d'argent dans un lieu indiqué, ou de remplir toute autre condition.

Si la menace n'a été accompagnée d'aucun ordre ou condition, la peine sera d'un emprisonnement de trois mois à deux ans, et d'une amende de cent à cinq cents francs.

Si la menace avec ordre ou condition a été verbale, le coupable sera puni d'un emprisonnement de quinze jours à six mois, et d'une amende de vingt-cinq à trois cents francs.

Dans tous les cas, le coupable pourra être mis par le jugement sous la surveillance de la haute police, pour un temps qui ne pourra être moindre de deux ans, ni excéder cinq ans.

Art. 19.

Quiconque, par maladresse, imprudence, inattention, négligence ou inobservation des **Lois** ou **Règlements**, aura involontairement causé sur un Chemin de fer, ou dans les Gares ou Stations, un accident qui aura occasionné des blessures, sera puni de huit jours à six mois d'emprisonnement, et d'une amende de cinquante à mille francs.

Si l'accident a occasionné la mort d'une ou plusieurs personnes, l'emprisonnement sera de six mois à cinq ans, et l'amende de trois cents à mille francs.

ART. 20.

Sera puni d'un emprisonnement

de six mois à deux ans, tout Mécani-
cien ou Conducteur Garde-frein qui
aura abandonné son poste pendant
la marche du convoi.

Art. 21.

Toute contravention aux **Ordonnances royales** portant règlement d'administration publique sur la
police, la sûreté et l'exploitation du
Chemin de fer, et aux **Arrêtés** pris
par les Préfets, sous l'approbation
du **Ministre des Travaux
Publics**, pour l'exécution des dites
Ordonnances, sera punie d'une

amende de seize francs à trois mille francs.

En cas de récidive dans l'année, l'amende sera portée au double, et le Tribunal pourra, selon les circonstances, prononcer en outre un emprisonnement de trois jours à un mois.

ART. 22.

Les concessionnaires ou fermiers d'un Chemin de fer seront responsables, soit envers l'État, soit envers les particuliers, du dommage causé par les Administrateurs, Directeurs ou Employés à un titre quelconque au Service de l'Exploitation du Chemin de fer.

L'État sera soumis à la même responsabilité envers les particuliers, si le Chemin de fer est exploité à ses frais et pour son compte.

ART. 23.

Les crimes, délits ou contraventions prévus dans les titres Ier et III de la présente **Loi,** pourront être constatés par des **Procès-Verbaux** dressés concurremment par les officiers de police judiciaire, les Ingénieurs des Ponts-et-Chaussées et des Mines, les Conducteurs, Garde-mines, Agents de surveillance et Gardes nommés ou agréés par l'Admi-nistration et dûment assermentés.

Les **Procès-Verbaux** des délits et contraventions feront foi jusqu'à preuve contraire.

Au moyen du serment prêté devant le Tribunal de première instance de leur domicile, les Agents de sur-veillance de l'Administration et des concessionnaires ou fermiers pour-ront verbaliser sur toute la Ligne du Chemin de fer auquel ils seront attachés.

ART. 24.

Les **Procès-Verbaux** dressés en vertu de l'article précédent seront visés pour timbre et enregistrés en débet.

Ceux qui auront été dressés par les Agents de surveillance et Gardes assermentés devront être affirmés dans les trois jours, à peine de nullité, devant le Juge de Paix ou le Maire, soit du lieu du délit ou de la contravention, soit de la résidence de l'Agent.

ART. 25.

Toute attaque, toute résistance

avec violence et voies de fait envers les Agents des Chemins de fer dans l'exercice de leurs fonctions, sera punie des peines appliquées à la rébellion, suivant les distinctions faites par le Code pénal.

ART. 26.

L'article 463 du Code pénal est applicable aux condamnations qui seront prononcées en exécution de la présente **Loi**.

ART. 27.

En cas de conviction de plusieurs

crimes ou délits prévus par la présente **Loi** ou par le Code pénal, la peine la plus forte sera seule prononcée.

Les peines encourues pour des faits postérieurs à la poursuite pourront être cumulées, sans préjudice des peines de la récidive.

EXTRAIT

DE L'ORDONNANCE

portant

RÈGLEMENT D'ADMINISTRATION PUBLIQUE

SUR

la police, la sûreté et l'exploitation
des Chemins de fer.

—

15 NOVEMBRE 1846.

———

TITRE Ier.

Des Stations et de la Voie des Chemins de fer.

Section Ire — Des Stations.

ARTICLE PREMIER.

L'entrée, le stationnement et la circulation des voitures publiques ou particulières destinées, soit au transport des personnes, soit au transport des marchandises, dans les cours dépendant des Stations des Chemins de fer, seront réglés par les Arrêtés du Préfet du département.

Ces Arrêtés ne seront exécutoires qu'en vertu de l'approbation du **Ministre des Travaux publics.**

Section II. — De la Voie.

ART. 2.

Le Chemin de fer et les ouvrages qui en dépendent seront constamment entretenus en bon état.

La Compagnie devra faire connaître au **Ministre des Travaux Publics** les mesures qu'elle aura prises pour cet entretien.

Dans le cas où ces mesures seraient insuffisantes, le **Ministre des Travaux publics**, après avoir entendu la Compagnie, prescrira celles qu'il jugera nécessaires.

Art. 3.

Il sera placé, partout où besoin sera, des gardiens en nombre suffisant pour assurer la surveillance et la manœuvre des aiguilles des croi-

sements et changements de Voie;
en cas d'insuffisance, le nombre de
ces gardiens sera fixé par le **Ministre des Travaux publics,**
la Compagnie entendue.

ART. 4.

Partout où un Chemin de fer est
traversé à niveau, soit par une route
à voitures, soit par un Chemin des-
tiné au passage des piétons, il sera
établi des barrières.

Le mode, la garde et les condi-
tions du service des barrières seront
réglés par le **Ministre des**

Travaux Publics, sur la proposition de la Compagnie.

ART. 5.

Si l'établissement de contre-rails est jugé nécessaire dans l'intérêt de la sûreté publique, la Compagnie sera tenue d'en placer sur les points qui seront désignés par le **Ministre des Travaux publics.**

ART. 6.

Aussitôt après le coucher du soleil, et jusqu'après le passage du dernier Train, les Stations et leurs abords devront être éclairés.

Il en sera de même des passages à niveau pour lesquels l'Administration jugera cette mesure nécessaire.

TITRE VII.

Des mesures concernant les Voyageurs et les personnes étrangères au Service du Chemin de fer.

ART. 61.

Il est défendu à toute personne étrangère au Service du Chemin de fer :

1° De s'introduire dans l'enceinte

du Chemin de fer, d'y circuler ou stationner;

2° D'y jeter ou déposer aucuns matériaux ni objets quelconques;

3° D'y introduire des chevaux, bestiaux ou animaux d'aucune espèce;

4° D'y faire circuler ou stationner aucunes voitures, wagons ou machines étrangères au service.

Art. 62.

Sont exceptés de la défense portée au premier paragraphe de l'article précédent, les Maires et Adjoints, les Commissaires de police, les Officiers de Gendarmerie, les Gendarmes et autres Agents de la force publique, les Préposés aux Douanes, aux Contributions indirectes et aux Octrois, les Gardes champêtres et forestiers dans l'exercice de leurs fonctions et revêtus de leurs uniformes et de leurs insignes.

Dans tous les cas, les Fonctionnaires et les Agents désignés au paragraphe précédent seront tenus de se conformer aux mesures spéciales de précaution qui auront été déterminées par le **Ministre**, la Compagnie entendue.

Art. 68.

Les Cantonniers, Garde-Barrières et autres Agents du Chemin de fer devront faire sortir immédiatement toute personne qui se serait introduite dans l'enceinte du Chemin, ou dans quelque portion que ce soit de ses dépendances où elle n'aurait pas le droit d'entrer.

En cas de résistance de la part des contrevenants, tout Employé du Chemin de fer pourra requérir l'assistance des Agents de l'Administration et de la force publique.

Les chevaux ou bestiaux abandonnés qui seront trouvés dans l'enceinte du Chemin de fer, seront saisis et mis en fourrière.

TITRE VIII.

Dispositions diverses.

ART. 73.

Tout Agent employé sur les Chemins de fer sera revêtu d'un uniforme ou porteur d'un signe distinctif; les Cantonniers, Garde-Barrières et Surveillants pourront être armés d'un sabre.

Art. 79.

Seront constatées, poursuivies et réprimées, conformément au titre III de la **Loi** du 15 Juillet 1845, sur la police des Chemins de fer, les contraventions au présent **Règlement**, aux **Décisions** rendues par le **Ministre des Travaux publics**, et aux **Arrêtés** pris, sous son approbation, par les Préfets, pour l'exécution du dit **Règlement**.

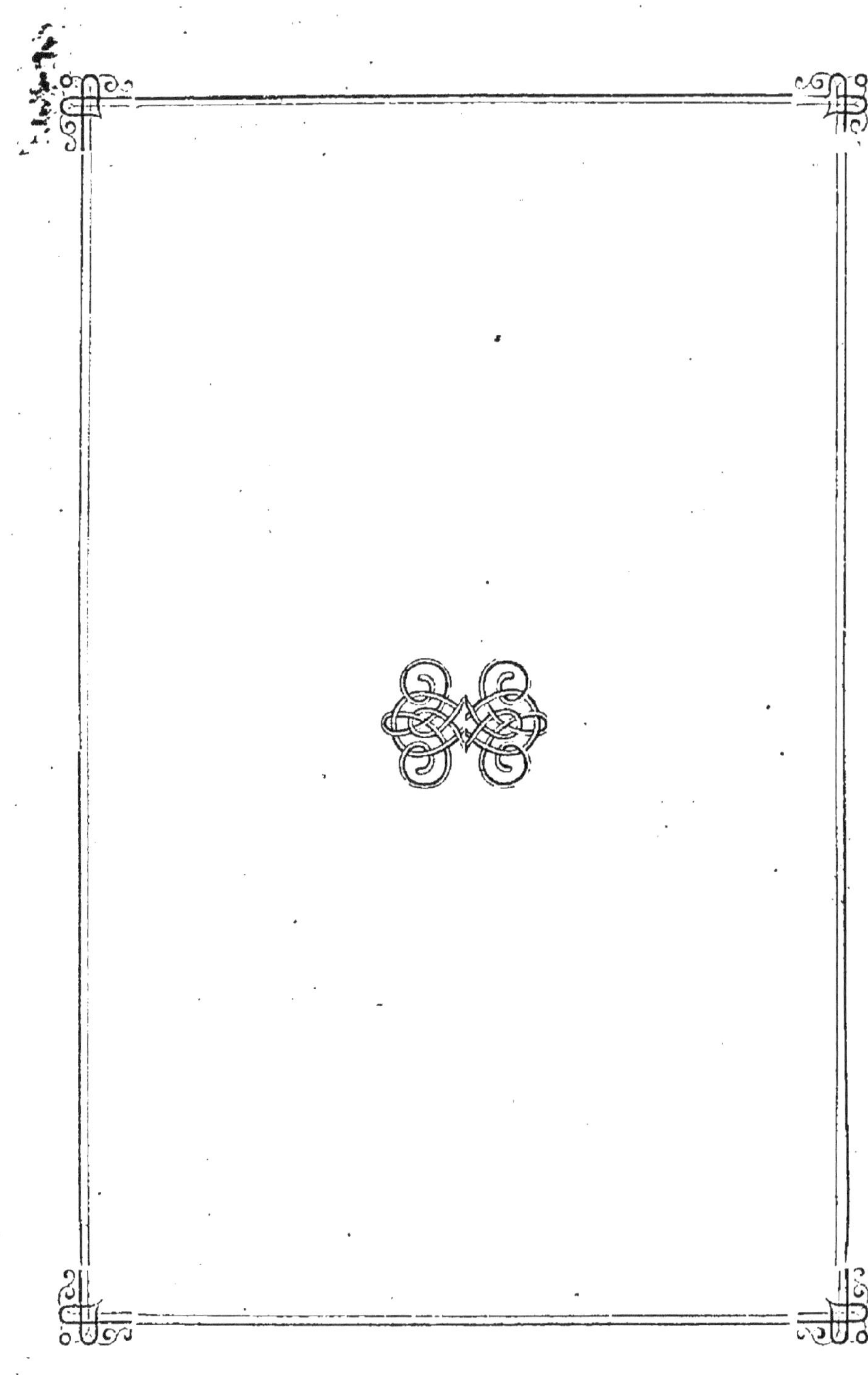